Bibliografische Information der Deutschen Nationalbibliothek:

Die Deutsche Bibliothek verzeichnet diese Publikation in der Deutschen National-
bibliografie; detaillierte bibliografische Daten sind im Internet über http://dnb.d-
nb.de/ abrufbar.

Impressum:

Copyright © 2004 GRIN Verlag, Open Publishing GmbH
Druck und Bindung: Books on Demand GmbH, Norderstedt Germany
ISBN: 9783656530985

Dieses Buch bei GRIN:

http://www.grin.com/de/e-book/108999/voelkermordmentalitaet-doppelt-historische-
erinnerung-und-aktualitaet

Richard Albrecht

Völkermordmentalität. Doppelt-historische Erinnerung und Aktualität eines Syndroms

GRIN Verlag

GRIN - Your knowledge has value

Der GRIN Verlag publiziert seit 1998 wissenschaftliche Arbeiten von Studenten, Hochschullehrern und anderen Akademikern als eBook und gedrucktes Buch. Die Verlagswebsite www.grin.com ist die ideale Plattform zur Veröffentlichung von Hausarbeiten, Abschlussarbeiten, wissenschaftlichen Aufsätzen, Dissertationen und Fachbüchern.

Besuchen Sie uns im Internet:

http://www.grin.com/

http://www.facebook.com/grincom

http://www.twitter.com/grin_com

Völkermordmentalität

Doppelt-historische Erinnerung und Aktualität eines Syndroms

„Die Vergangenheit ist nicht tot. Sie ist nicht einmal vergangen"
(William Faulkner: Soldier´s Pay [1926])

I.

In der internationalen Forschungsliteratur ist seit der Buchveröffentlichung von Lifton/Markusen (1988; 1992) ´genocidal mentality´ als wissenschaftlicher Terminus wenn auch ungebräuchlich so doch eingeführt. Er wird von diesen Sozialpsychologen als individuelle und/oder kollektive Disposition/en, die geeignet ist/sind, die „gesamte menschliche Bevölkerung" zu zerstören, umschrieben. Damit ist aus der Sicht genannter Autoren diese besondere und besonders destruktive Mentalität ein notwendiges Moment der Zerstörungspraxis allen menschlichen Lebens („omnicide") im atomaren Inferno, das auch Homocide (wörtlich: Menschheitsmord) genannt werden könnte.

Demgegenüber benütze ich den deutschen Begriff Völkermordmentalität in doppelter Weise spezifischer: Einmal nicht übergreifend allgemein. Sondern historisch. Und zum anderen nicht projiziert in denkbare Zukünfte. Sondern bezogen auf reale Vergangenheiten. Die gewiss, nach einem Wort des US-amerikanischen Autors William Faulkner, gerade wenn es um Genozidpolitik geht, nicht tot sind (wie die wirklichen Toten). Sondern die, im Wortsinn, nicht einmal vergangen sind.

Das deutsche Kompositum Völkermordmentalität bezieht sich auf Völkermord und Mentalität. Entsprechend verstehe ich hier unter Mentalität keine wissenschaftliche Kategorie (Gebhardt/Kamphausen 1994, 30-32). Sondern einen alltäglich geprägten Begriff: Mentalität meint, ähnlich wie im englischen ´mentality´ und/oder im französischen ´mentalité´, eine geistige Haltung ebenso wie eine Anschauungs- und Auffassungsweise einzelner Menschen und/oder von Menschengruppen. Gegenüber dieser scheinbar ´naiven´ Begriffbestimmung unterlege ich meinem Verständnis von Völkermord jedoch nicht nur die naheliegende juristische Definition des deutschen Strafgesetzbuchs (§ 220a StGB), sondern erweitere sie um die wissenschaftliche Perspektive von Rafael Lemkin (1944). Dieser zunächst polnische, dann US-amerikanische Völker(straf)rechtler hat nämlich als Besonderheit von Völkermord die biopolitisch-intergenerative Seite herausgearbeitet:

„In this respect genocide is a new technique of occupation, aimed at winning the peace even though the war itself is lost."

Das meint: Die bewusste - teilweise oder gesamte - Zerstörung nationaler, rassischer, religiöser oder ethnischer Gruppen durch bestimmte, im § 220a des deutschen StGB präzisierte, Vernichtungsmaßnahmen (wie etwa jeweils vorsätzliche Tötung/en, schwere körperliche und/oder seelische Schädigung/en sowie gewaltsame Geburtenverhinderung/en oder/und Kinderentführung/en) ist nur dann Völkermord, wenn diese biopolitischen Maßnahmen zukunftsbezogen wirken und dafür sorgen, dass (in mit Völkermorden typischerweise einhergehenden Kriegssituationen) die militärisch unterlegene Verliererseite gleichwohl und über Generationen hinaus zur biopolitischen Siegerseite wird. Diese Besonderheit von Völkermordpolitik lässt sich mit allgemeinen gattungsbezogenen Vernichtungskonzepten (homicide, omnicide) nicht fassen, weil, wenn die gesamte Menschheit Opfergruppe sein soll, es im Ergebnis hier folglich weder Sieger/Verlierer noch Opfer/Täter geben kann. Sondern nur Verlierer/Opfer.

Genau diese Zukunftsdimension erschwert das Verständnis von Völkermord und Genozidpolitik erheblich. Sie erfordert nämlich, das Undenkbare zu denken („thinking the unthinkeable"). Denn auch wer, militärpolitisch, den Krieg verliert, kann, biopolitisch, über Generationen andauernd gewinnen. Und es hat im Fall des „Armenocide" dreier Generationen gedauert, ehe sich die zunächst mit dem blanken Existenzkampf des Überlebens beschäftigte, dazu noch erheblich qualitativ und quantitativ geschwächte und verminderte viktimisierte Ethnie oder Opfer(volk)gruppe, darum kümmern konnte, das Destruktionsereignis und seine Konsequenzen aufzuarbeiten und entschädigen zu lassen (Albrecht 1989, 76).

II.

Seit Mitte der 90er Jahre war durch die ursprünglich von Hannes Heer besorgte „Wehrmachtsausstellung" des Hamburger JP-Reemtsma-Instituts, auch angemessen soziomoralisch unterfüttert, endlich von Vernichtung(skrieg) öffentlich die Rede. In den Blick kamen folglich auch bisher weitgehend unbeachtete Täter(gruppen). Was jedoch inzwischen, nun zunehmend „wissenschaftlich" handhabbar gemacht und moralisch zerkleinert, daraus geworden ist, veranschaulicht ein kürzlich erschienener Sammelband (Paul 2002) exemplarisch im Umgang mit dem, was Hannah Arendt im Anschluss an den britischen Kolonialideologen B.C.H.C. Kennedy (Carthill 1924) in ihrem Hinweis auf britische Kolonialpraxis als „staatlich organisierten Verwaltungsmassenmord" erinnerte (Arendt 1986: Eichmann, 22; Arendt 1986: Elemente, 308; vgl. auch Sarkisyanz 1997, 172/173; Sarkisyanz 2003, 183/184).

Aus ´staatlich organisiertem Verwaltungsmassenmord´ machen diese neudeutsch-akademische „Täterforscher" durch einfaches Weglassen beider wichtiger Charakteristika und Adjectiva ´staatlich´ und ´organisiert´ einen schlichten „Verwaltungsmassenmord" - um dann umso leichter -und karrierefördernder- abstrakt-allgemein „Zur Sozialpsychologie des Verwaltungsmassenmordes" (Harald Welzer) meditieren zu können (Paul 2002, 237-253).

Diese wissenschaftliche Unterwertigkeit fällt einmal hinter den wenigstens bei Imanuel Geis (1988, 238; kritisch Albrecht 1990) noch nicht völlig ausgeblendeten Zusammenhang von „staatlichem Massenmord" - also verbrecherischem Staatshandeln oder Staatsverbrechen - zurück; auch wenn, zum anderen, das vor fünfzehn Jahren publizierte Konzept angewandter politischer Destruktionsideologie als destruktiver „ideologischer Politik" (Albrecht 1989; Albrecht 1995) als politiksoziologische Deutungsfolie nicht zur Kenntnis genommen wird. Völkermord freilich ist ohne die entscheidende staatliche Komponente von Planung und Organisation (wenn auch nicht notwendiger Exekution) dieses „Verbrechens gegen die Menschheit" (Hannah Arendt) weder wissenschaftlich zu verstehen noch moralisch zu bewältigen. Denn Völkermord ist immer eine besondere Form von Staatsverbrechen (Brumlik 2003), bedeutet „immer staatlich geplanten und organisierten Massenmord als spezifische Form destruktiver Biopolitik und ist gerade in seiner Amoralität als Staatsverbrechen an der Menschheit dem ´gesunden Menschenverstand´ unserer Zeit so schwer verständlich" (Albrecht 1989, 76).

III.

Selbstverständlich werde ich hier nicht den ersten Völkermord des 20. Jahrhunderts in Deutsch-Südwestafrika unter reichsdeutscher Regie als „kolonialen Genozid" (Melber/Kößler 2004) historiographisch aufarbeiten. Allerdings versuche ich (im Anschluss an Hannah Arendt) erneut einige allgemeine Hinweise zur Vernichtungspolitik von Völkermord/en am Beispiel des kolonialen ´Vernichtungskrieges´ gegen die autochthonen Herero und Nama.

Hannah Arendt hat im zweiten, „Imperialismus" genannten, Teil ihres zuerst 1951 veröffentlichten Totalitarismusbuchs auf den Strukturzusammenhang von Rasse und Bürokratie aufmerksam gemacht und diesen ausdrücklich auf den ´schwarzen Kontinent´ Afrika bezogen (Arendt 1986: Elemente, 307-309; vgl. Arendt 1944). Zugleich erkennt Hannah Arendt im ´modernen´ europäischen Rassismus die „Negation der Idee der einen Menschheit aus dem unvermittelten Zusammentreffen von Schwarz und Weiss in der Leere zentralafrikanischer Landschaft" (Albrecht 1989, 60):

„Entscheidend für den Rassebegriff des zwanzigsten Jahrhunderts sind die Erfahrungen, welche die europäische Menschheit in Afrika machte [...] Der in Afrika beheimatete Rassebegriff war der Notbehelf, mit dem Europäer auf menschliche Stämme reagierten, die sie nicht nur nicht verstehen konnten, sondern die als Menschen, als ihresgleichen, anzuerkennen sie nicht bereit waren. Der Rassebegriff der Buren entspringt aus dem Entsetzen vor Wesen, die weder Mensch noch Tier zu sein schienen und gespensterhaft, ohne alle fassbare zivilisatorische oder politische Realität, den schwarzen Kontinent bevölkerten und übervölkerten. Aus dem Entsetzen, dass solche Wesen auch Menschen sein könnten, entsprang der Entschluss, auf keinen Fall der gleichen Gattung Lebewesen anzugehören. Hier, unter dem Zwang des Zusammenlebens mit schwarzen Stämmen, verlor die Idee der Menschheit und des gemeinsamen Ursprungs des Menschengeschlechts [...] zum ersten Mal ihre zwingende Überzeugungskraft, und der Wunsch nach systematischer Ausrottung ganzer Rassen setzte sich umso stärker fest, als es offenbar war, dass im Gegensatz zu Australien und Amerika Afrika viel zu übervölkert war, als dass dort die erprobten Lösungen des Eingeborenenproblems je ernstlich in Frage kommen könnten. So wie für die europäischen Einwanderer das Treiben der schwarzen Stämme etwas unheimlich Irreales und Gespensterhaftes hatte, so liegt in den furchtbaren Massakern, die der Rassenwahn unmittelbar zeitigte - in der Ausrottung der Hottentottenstämme durch die Buren, in dem wilden Morden Carl Peters´ in Deutsch-Ostafrika, in der ungeheuerlichen Dezimierung der friedlichen Kongobevölkerung durch den belgischen König - ein Element von irrsinniger Vergeblichkeit. Es gibt keine Rechtsfertigung des Rassewahnes, weder eine theoretische noch eine politische..." (Arendt 1986: Elemente, 308/309; zur Bedeutsamkeit von Hautfarbe, ihrer rhetorischen Aufladung durch kolonialeuropäische Expansion [Portugal, Spanien, Niederlande, Flandern, Frankreich, England] und zunehmenden Sklavenhandel für eurohistorische Selbst- und Fremdwahrnehmung vgl. Groebner 2003).

IV.

„In zahllosen Bürgerkriegen und im Kampf mit der deutschen Herrschaft (1904-06) wurden die <u>Hottentotten</u> sehr geschwächt, sodaß sie 1909 im deutschen Schutzgebiet nur noch 14 000 Köpfe zählten" (Meyers Lexikon 1927, 22/23)

So wurde Mitte der 20er Jahre in der Weimarer Republik das Hauptergebnis des „´kleinen´ Genozid" (Brumlik 2003) in Deutsch-Südwestafrika unter General Lothar v. Trotha (1848-1920), der 1904/05 die Militärmordaktion/en leitete, beschrieben.

Das Deutsche Reich war, auch hier ´verspäteter´ nationaler Machtstaat, dreißig Jahre lang Kolonialmacht in Afrika in jenem Deutsch-Südwestafrika (DSWA) zwischen dem portugiesisch besetzen Angola im Norden und dem britisch besetzten Rhodesien und Südwestafrika im Südwesten, nämlich von 1885 bis zur Eroberung DSWA durch südafrikanische Truppen während des Ersten Weltkriegs 1915. Nach dieser 30 Jahre währenden Herrschaft in DSWA als deutschem Kolonialgebiet und „rassische Privilegiengesellschaft, in deren Zentrum bürokratische Kontrolle, umfassende Planung und ins Totalitäre gehende Überwachung standen" (Zimmer 2004, 83), lebten im ´deutschen Schutzgebiet´ etwa ebensoviel europäische Zuwanderer, vor allem Deutsche, im Land, war/en das ursprünglich afrikanische Stammesland der Herero und Nama ent- und angeeignet und deren herkömmliche sozialökonomische Wirtschafts- und Lebensgrundlagen (Ackerbau und Viehzucht) so nachhaltig zerstört, dass die autochthone Bevölkerung als „zuvor freie, selbständig wirtschaftende Bewohner ihres Landes zu besitzlosen, für ihr Überleben auf abhängige Arbeit angewiesene Untertanen des Deutschen Reiches" wurde (Zimmer 2004, 84;

eine brillant-gebündelte Beschreibung bei Hallgarten 1963, 31-39). Insbesondere die „aktive Kolonisation" deutscher Siedlungsgesellschaften verdrängte die afrikanischen Ureinwohner zu Beginn des 20. Jahrhunderts nach dem britischen Sieg über die kapholländischen Buren 1901 und dem DSWA-Bahnbauprojekt. (Wobei infolge einer Rinderpest im Sommer 1897 schon gut neun Zehntel des Hereroviehs starben.)

Die Lage spitze sich 1903/04 zu. Es kam zum Hereroaufstand und ersten militärischen Erfolgen der Afrikaner, die deutsche Siedler vertrieben und dabei auch gut hundert Männer töteten (jedoch Frauen, Kinder und Missionare verschonten). Die deutsche Schutztruppe schlug zurück. Der Grosse Generalstab in Berlin übernahm das Kommando und entsandte v. Trotha, um die Aufständischen militärisch aufzureiben (vgl. Drechsler 1965; Bley 1968). Im Sommer 1904 kam es zur „Schlacht am Waterberg". Deutsche Soldaten besetzten systematisch alle bekannten Wasserstellen am Wüstenrand, so dass Tausende verdursteten.

Am 2.10.1904 ordnete der militärische Kommandeur v. Trotha darüber hinaus an:

„Die Hereros sind nicht mehr deutsche Untertanen. Sie haben gemordet und gestohlen, haben verwundeten Soldaten Ohren und Nasen und andere Körperteile abgeschnitten [...] Das Volk der Herero muss das Land verlassen. Wenn das Volk dies nicht tut, so werde ich es mit dem Groot Rohr dazu zwingen. Innerhalb der deutschen Grenze wird jeder Herero mit oder ohne Gewehr, mit oder ohne Vieh erschossen, ich nehme keine Weiber oder Kinder mehr auf, treibe sie zu ihrem Volk zurück oder lasse auf sie schiessen." (Zimmer 2004, 84; Bley 1968, 204)

Diese in der regierungsamtlichen Darstellung (1906) nicht wiedergegebene Erklärung ist ein auf die bewusste „Vernichtung des Hererovolkes" (Bley 1968, 203) abzielelendes historisches Dokument. Der Verfasser wusste dies. Er schrieb zwei Tage nach seiner Proklamation seinem militärischen Dienstvorgesetzten Alfred Graf v. Schlieffen (1833-1913) im Grossen Generalstab (und betonte es drei Mal im Text): „Ich glaube, dass die Nation [der Herero] vernichtet werden muss." (Bley 1968, 204)

Diese öffentliche Vernichtungsdrohung ist, auch im wissenssoziologischen Sinn, ein historisches Dokument für das, was Karl Mannheim (1929, 228/229) als Struktur ´totaler Ideologie´ herausgearbeitet hat: Aussagen nämlich, die nicht nur diesen oder jenen partialen

Seinsaspekt ansprechen, sondern „die gesamte Denkstruktur des aussagenden Subjekts" einbeziehen. General v. Trothas öffentliche Vernichtungsdrohung an „das Volk der Herero" vom 2.10.1904 zeigt schon die Destruktionskonsequenz jener Ausgrenzungslogik der Ideologie des „objektiven Gegners" (Arendt 1986: Elemente, 654) in aller, später faschistisch genannter Rücksichtslosigkeit, Gnadenlosigkeit und Erbarmungslosigkeit: Jeder Herero als „nicht mehr deutscher Untertan" nämlich „wird...erschossen". Insofern führen von diesem Anfang Oktober 1904 in DSWA verkündeten <u>Vernichtungsdokument</u> mentalitäre Destruktionsfäden sowohl zur nationalsozialistischen Vernichtungsideologie des von Werner Best verfassten ´Boxheimer Dokument´ 1931 („wird erschossen..."; vgl. Albrecht 1987, 119/120) und seiner „Apotheose des Krieges" (Walter Benjamin) einerseits als auch zur deutschen Besatzungsform in Belgien 1914 während des Ersten und der Vernichtungspraxis in Form des Holocaust an europäischen Juden während des Zweiten Weltkriegs andererseits (Albrecht 1989, 62-67).

Das Vernichtungsdokument v. Trothas gibt einen eindrucksvollen Einblick in einen Zentralaspekt praefaschistisch-kolonialer Völkermordmentalität und drückt zugleich eine geistige Haltung oder Anschauungs- oder Auffassungsweise aus, die andere als solche aus der bestimmenden Gemeinschaft nicht nur ausgrenzt, sondern so weit geht, ihnen das Recht auf Leben überhaupt abzusprechen und besondere Destruktionsmassnahmen zu planen, zu organisieren und durchzuführen, die das (Über-) Leben des/der Ausgegrenzten verunmöglichen: Andere werden exkludiert, entmenscht zum Ding, zur Sache, zum nullum. Und wenn es denn je „praktizierte Gemeinsamkeit von Sprache, Rechten und Sitten" gab - so wird diese nun in Form ´innerer *Exklusion*´ aufgekündigt (Offe 1994, 232).

Genozidale oder <u>Völkermordpraxis</u> zielt auf nachhaltige Schädigung/en bis hin zum (Massen-) Mord als vorsätzliche Tötung anderer (und ihrer Gruppe/n) insbesondere in als subjektiv bedrohlich wahrgenommenen/empfundenen Situationen, für die - so Thomas (1929, 572) - als allgemeines handlungswissenschaftliches Theorem gilt: „Wenn Menschen Situationen als wirklich definieren dann sind diese auch in ihren Folgen wirklich" ("If men define situations as real they <u>are</u> real in their consequences").

Wenn schließlich einerseits der Wortlaut der <u>Vernichtungsdrohung</u> vom 2.10.1904 schon auf seinen genozidalen Charakter verweist - so andererseits auch der aktuelle und historische Umgang mit dem Text: Er wurde - wie es bei den beiden ´großen´ Völkermorden des 20.

Jahrhundert an Armeniern und Juden dann folgend systematische Praxis werden sollte - geheimgehalten und im Deutschen Reich auch erst zwei Monate später durch seine Verlesung im Reichstag durch den sozialdemokratischen Abgeordneten Georg Ledebour (1850-1947) bekannt.

V.

Soweit ich weiß wurde erstmalig im internationalen Zusammenhang noch während des Ersten Weltkriegs von der späteren DSWA-Mandatärin, der Südafrikanischen Union (ab 1920), in einer britischen Dokumentation der Vorwurf ans Deutsche Reich, sie habe in ihrer Kolonie Deutsch-Südwestafrika auf Grundlage eines staatlichen Programms Ausrottungs- oder Vernichtungspolitik („extermination policy") angewandt, erhoben (Union of South Africa 1918, 90-103; „extermination" kann sowohl, eher traditionell, „Ausrottung", als auch, eher zeitgenössisch, „Vernichtung" im Sinne von „destruction" meinen. In niederländischen Dialekten, das damals Kapholländische Buren-Afrikaans eingeschlossen, wurde von „uitroeien", also „Ausrotten", gesprochen: Benson 1917, 9/10). Dass dieser als Buch im August 1918 publizierte Bericht (aus dem Januar 1918) die deutsche Kolonialposition bei späteren Friedensverhandlungen nach Kriegsende schwächen sollte ändert ebenso wenig an seiner Bedeutsamkeit wie die spätere deutsche Antwortpolemik des Reichskolonialamts (1919) nach dem Muster: Die britische Kolonialherrschaft mit Ausrottung der Australier und Konzentrationslagern im Burenkrieg war auch nicht besser. Bemerkenswert an der deutschen Argumentation ist: Die vom sozialdemokratischen Abgeordneten Georg Ledebour am 2.12. 1905 im Reichstag enthüllte Vernichtungsdrohung v. Trothas vom 2. 10. 1904 („Die Hereros sind nicht mehr deutsche Untertanen"), die nicht in der amtlich-triumphalischen Offizialdarstellung des Grossen Generalstabs (1906; 1907) enthalten ist - was durchaus späterer Völkermordpraxis geheimgesellschaftlicher Klandestinität der Täterstäbe entspricht (Albrecht 1989, 74) - wird hier nicht nur geleugnet, sondern vielmehr zugegeben und relativiert; auch dies entspricht einem allgemeinen Muster nach Völkermordtaten, die von Täterseite typischerweise zunächst als Absicht geleugnet und wenn dies nicht (mehr) möglich erscheint hinsichtlich der Wirksamkeit heruntergespielt werden. Entsprechend hieß es in der Erwiderung des Reichskolonialamts 1919 auf das im August 1918 veröffentlichte britische ´Blue Book´:

„Es ist in der Tat wahrscheinlich, dass eine solche Weisung, wenn auch nicht in der formellen Art, vorübergehend während des Hererokrieges erteilt worden ist. Sie hat aber nicht lange bestanden und sie fand sowohl bei den Aussiedlern als auch bei den Truppen überwiegend entschiedene Missbilligung." (Reichskolonialamt 1919, 40; kritisch Hallgarten 1963, 31-39; Drechsler 1966, 150 ff.; vgl. Drechsler 1984; Drechsler 1985; Bley 1968, 203 ff.).

VI.

Dies alles - und noch viel mehr - drückt der deutsche Vernichtungstext v. Trothas aus. Die historische Völkermordpraxis in DSWA war als „latente Potentialität" (Bateson 1990, 355) immer schon durch das Ereignis der ´Landnahme´ angelegt: Der Bremer Großhändlers Franz Adolf Eduard Lüderitz (1834-1886) kaufte am 1. Mai die Bucht von Angra Pequena und am 25. August 1883 einen Oranje-Küstenstreifen auf. Und es gelang Lüderitz, Reichskanzler Fürst Otto v. Bismarck (1815-1898) dazu zu bringen, dieses Land unter den Schutz des Deutschen Reiches, das damit faktisch Kolonialmacht wurde, zu stellen (Melber 1982, 65-71).

Was diese koloniale Herrschaftspraxis, die dann, auch wenn sie nicht per se oder notwendigerweise zu Vernichtungskrieg und Völkermord führen musste, empirisch zu Völkermord und Vernichtungskrieg führte, drückt sich seit 1884 im „Tagebuch" des Nama-Stammeshäuptlings Hendrik Witbooi (1834-1904) aus. Und auch wenn zur Festigung deutscher Schutzherrschaft seit 1884 zunächst im ganz herkömmlichen Sinn von ´teile und herrsche´ [divide et impera] einerseits und ´Brot und Spiele´ [panem et circenses] bzw. ´Zuckerbrot und Peitsche´ andererseits nicht nur Repressionsmaßnahmen angewandt wurden - so erkannte Witbooi schon 1894, dass die deutsche Kolonialherrschaft manifeste Vernichtungszüge trägt. Und auch wenn beim Lesen von Witboois Briefen und Aufzeichnungen (1929; 1982; vgl. Melber 1982, 75-85) gelegentlich der Eindruck entsteht, dieser Stammeshäuptling habe auch bewusst für „die Nachgeborenen" (Bertolt Brecht) formuliert - so wird doch deutlich, dass Witbooi vor seiner entscheidenden militärischen Niederlage gegen die seit April 1883 verstärkten reichsdeutschen Schutztruppen (nach deren Angriff auf Witboois Sitz „Hornkranz") zunächst noch davon ausgeht: „die Gesetze des Siegers" bedeuten nicht „Ausrottung" des Gegners, sondern Inbesitznahme von dessen Land und Vieh und garantieren sein Leben als unterlegenem Verlierer (Witbooi 1982, 106; entsprechend kritisiert Namahäuptling Witbooi auch, wenn Hererohäuptlinge diese Gesetze nicht anerkennen und ihre Feinde töten). Aus dem Briefwechsel Witboois mit dem damaligen Major Theodor Leutwein (1849-1929) - 1894 bis 1898 Landeshauptmann und dann bis 1904 Gouverneur von DSWA - wird ersichtlich, dass sich Witbooi nicht grundlos beklagte, dass die Nama vernichtet werden sollen: Am 4.8.1882 betont Witbooi (in einem Brief an den englischen Magistrat in Walvis Bay): Die Deutschen „haben sich vorgenommen, mich durch Krieg zu vernichten [...] Sie wollen mich mit Gewalt unterwerfen und mich wegen meines Landes mit Krieg überziehen" (Witbooi 1982, 142-148). Am 4.5.1894 bringt Witbooi Leutweins Funktion so zur Kenntlichkeit: „Sie sind vom Deutschen Kaiser als dessen Stellvertreter geschickt worden, um mich zu vernichten" (ebda. 176/177). Und in der Tat stellt Leutwein den Namahäuptling am 5.5.1894 vor die Alternative: „bedingungslose Unterwerfung unter den Willen Seiner Majestät des Deutschen Kaisers oder Krieg bis zur Vernichtung" (ebda. 179). Leutwein wiederholt zwei Tage später: „bis Du Dich entweder unterworfen hast oder vernichtet bist" (ebda. 182). Und nachdem Witbooi sich am 23. 8. 1894 verteidigt, er habe nicht angegriffen, sondern reagiert („ich übe lediglich Vergeltung [...] Dass ich Ihre Leute getötet habe, ist nichts als Vergeltung", ebda. 198) - betont er Leutwein gegenüber: „Als Sie mich angriffen, habe ich erkannt, dass Sie mein ganzes Geschlecht ausrotten wollen" („vernietigen met oorlog": Witbooi 1929, 154, wörtlich: durch Krieg vernichten) und bittet so eindringlich wie vergeblich, sich nicht dem Deutschen Reich als Untertan unterwerfen zu müssen: „Lassen Sie den Punkt Unterwerfung, darum bitte ich Sie nochmals von Herzen." – Leutwein antwortete sofort und betonte: „Dass Hornkranz anders hätte angegriffen werden können, ist möglich. Sicher ist aber, dass Ihr von dort vertrieben werden müsst, wenn das deutsche Schutzgebiet zu Ruhe und Frieden kommen soll. Ebenso sicher ist, dass ich keine Ruhe und keinen Friedens für das deutsche Schutzgebiet voraussehen kann, solange Ihr Euch dem Deutschen Kaiser nicht unterworfen habt [...] Sollte dabei wieder Blut fliessen, so beklage ich das ebenso, wie wir alle das unschuldige Blut, das auf Hornkranz geflossen ist, beklagen. Mit Absicht schiesst gewiss keiner von uns auf Frauen und Kinder. Inzwischen hoffe ich, dass Ihr daran mit mir einig seid, dass wir den Krieg [...] menschlich führen und hoffe weiter, dass er kurz sein möge." (Witbooi 1982, 199)

Hendrik Witbooi blieb nur noch drei Wochen lang „unabhängiger Kapitain und Herr meines Gebietes" (so seine Selbstkennzeichnung am 4.8.1892; Melber 1982, 79/80). Der „Schutz- und Freundschaftsvertrag zwischen dem Major Leutwein als Vertreter seiner Majestät des Deutschen Kaisers und dem Kapitän Hendrik Wittbooi" wurde nach der militärischen Niederlage der Nama am 9.9.1894 im Naukluftgebirge am 15. September 1894 geschlossen.

Damit begann in DSWA die formelle deutsche „Schutzherrschaft", die am 6.12.1394 durch den Vertrag mit dem Hererohäuptling Samuel Maharero weiter ausgebaut wurde und die, ein Jahrzehnt später, zum ersten genozidalen <u>Vernichtungskrieg unter reichsdeutscher Regie in Deutsch-Südwestafrika</u> im 20. Jahrhundert führen sollte.

Literatur

A. Wissenschaftliches

Albrecht, Richard
Der militante Sozialdemokrat. Carlo Mierendorff 1897 bis 1943. Eine Biografie. Berlin-Bonn:
JHW Dietz Nachf., 1987 [= Internationale Bibliothek Bd. 128]

ders.
Die politische Ideologie des objektiven Gegners und die ideologische Politik des Völkermord
im 20. Jahrhunderts. Prolegomena zu einer politischen Soziologie des Genozid nach Hannah
Arendt; in: Sociologia Internationalis, vol. 27 (1989) I, pp. 57-88

ders.
Zur Geschichte des Rassismus; in: ausserschulische bildung, 4/1990, 408-409

ders.
Vom „Volksfeind" zum „objektiven Gegner"; in: GEP - Geschichte – Erziehung – Politik, 6
(1995) 1, 1-7

ders.
Politik und mehr. Zum 20. Todestag von Hannah Arendt; in: vorgänge, 34 (1995) 132, pp. 23-
26

ders.
Staatsverbrechen und Völkermord [1989]; http://rechtskultur.de/pages/staatsverbrechen.htm

Arendt, Hanna
Race Thinking Before Rassism; in: Review of Politics, 6 (1944) 1, 36-73

dies.
Elemente und Ursprünge totaler Herrschaft; dt.Neuausgabe: München-Zürich: Piper, 1986
[=Serie Piper/SP 645]

dies.,
Eichmann in Jerusalem. Ein Bericht von der Banalität des Bösen; m.e. Essay v. Hans
Mommsen; aus dem Amerikanischen von Brigitte Granzow; München-Zürich: Piper, 1986:
Neuausgabe [SP 308]

Bateson, Gregory
Ökologie des Geistes. Anthropologishe, psychologische, biologische und epistemologische
Perspektiven. Dt.v.Hans Günter Holl. Ffm: Suhrkamp, 1990³ [= stw 571]

Bauer, Fritz
Die Kriegsverbrecher vor Gericht. Zürich-N.Y.: Europa Verlag 1945, 237 p.

Benson, E.F.
Deutschland über Allah; London: A.J.Wilson, 1917

Bley, Helmut
Kolonialherrschaft und Sozialstruktur in Deutsch-Südwestafrika 1894-1914. M.e.Vorw. v. Werner Jochmann. Hamburg: Leibnitz-Verlag, 1968 [= Hamburger Beiträge zur Zeitgeschichte Bd. 5]

Brumlik, Micha
Editorial; Verantwortung für Staatsverbrechen; in: Newsletter zur Geschichte und Wirkung des Holocaust (hrgg. v. Fritz-Bauer-Institut), 25/2003, 1; 43/44

Carthill, Al.
Verlorene Herrschaft. Wie England Indien aufgab. Dt.v.Martha Ganghofer, m.e.Einf.v.Karl Ganghofer. Berlin-Grunewald: Kurt Vowinckel, 1924

Drechsler, Horst
Südwestafrika unter deutscher Kolonialherrschaft. Der Kampf der Herero und Name gegen den deutschen Imperialismus (1884-1915). Berlin 1966: Akademie-Verlag [= Studien zur Geschichte Asiens, Afrikas und Leiteinamerikas]

ders.
Aufstände in Südwestafrika. Der Kampf der Herero und Nama 1904 bis 1907 gegen die deutsche Kolonialherrschaft. Berlin 1985: Dietz [= Schriftenreihe Geschichte]

ders.
Südwestafrika unter deutscher Kolonialherrschaft. Der Kampf der Herero und Nama gegen den deutschen Imperialismus (1884-1915). M.e.Vorw.v. Sam Nujoma. Berlin: Akademie Verlag, 1985²

Gebhardt, Winfried; Kamphausen, Georg
Mentalitätsunterschiede im wiedervereinigten Deutschland ? Das Beispiel zweier ländlicher Gemeinden; in: Aus Politik und Zeitgeschichte B 16/94 vom 22.4.1994, 29-39

Geis, Imanuel
Geschichte des Rassismus. Ffm: Suhrkamp, 1988 [= ed.suhrkamp N.F. 350]

Glueck, Sheldon
War Criminals. Their Prosecution and Punishment. N.Y.: Alfred Knopf, 1944

Groebner, Valentin
Haben Hautfarben eines Geschichte ? Personenbeschreibungen und ihre Kategorien zwischen dem 13. und dem 16. Jahrhundert; in: Zeitschrift für historische Forschung, 30 (2003) 1, 1-18

Generalstab (Hrg.)
Die Kämpfe der deutschen Truppen in Südwestafrika. Kriegsgeschichtliche Abteilung 1. Band 1: Der Feldzug gegen die Hereros; Band 2: Der Hottentottenkrieg; Berlin: E.S.Mittler 1906; 1907 [= Sonderabdruck aus den „Vierteljahrsheften für Truppenführung und Heereskunde]

Hallgarten, Wolfgang
„Fremdheitskomplex" und Übernationalismus. Beiträge zur Sozialgeschichte der deutschen Rassenideologie; in: Zeitschrift für Freie Deutsche Forschung, 1 (1938) 1, 82-108

ders. [Hallgarten, George W.F.]
Imperialismus von 1914. Die soziologischen Grundlagen der Aussenpolitik europäischer
Großmächte vor dem ersten Weltkrieg. 2 Bände. München-Wien: C.H.Beck, 1963²

Hirschfeld, Magnus; Gaspar, Andreas (eds.)
Sittengeschichte des Ersten Weltkriegs [1st ed. 1929]; Hanau o.J. [Nachdruck 1965²]

Lemkin, Raphael
Axis Rule in Occupied Europe; foreword George A. Finch. Washington (D.C.): Carnegy
Endowmernt for International Peace Division of International Law, 1944

Lifton, Robert Jay; Markusen, Erik
The Genocidal Mentality. Nazi Holocaust and Nuclear Threat. N.Y.: Basic Books, 1990
[dt.Ausgabe udT. Die Psychologie des Völkermords, Atomkrieg und Holocaust. Stuttgart:
Klett-Cotta, 1992]

Mannheim, Karl
Ideologie und Utopie. Bonn: Cohen 1929

Melber, Henning
Das doppelte Vermächtnis der Geschichte: Nationswerdung, Kolonisierungsprozess und
deutsche Fremdherrschaft in Namibia (ca. 1800-1914); in: diskurs. Bremer Beiträge zu
Wissenschaft und Gesellschaft, 6/1982, 35-124

ders.; Reinhart Kößler
Völkermord und Eingedenken. Am Beispiel des Genozids an Herero und Nama in Deutsch-
Südwestafrika 1904-1908; in: Jahrbuch zur Geschichte und Wirkung des Holocaust 2004

Meyers Lexikon
Siebente Auflage, Sechster Band; Leipzig: Bibliographisches Institut, 1927

Offe, Claus
Moderne „Barbarei": Der Naturzustand im Kleinformat ? In: Journal für Sozialforschung, 34
(1994) 3, 229-247

Paul, Gerhard (Hrg.)
Die Täter der Shoah. Nanatische Nationalsozialisten oder ganz normale Deutsche ?
Göttingen: Wallstein, 2002 [= Dachauer Symposien zur Zeitgeschichte 2]

Reichskolonialamt
Die Behandlung der einheimischen Behandlung in den kolonialen Besitzungen Deutschlands
und Englands. Eine Erwiderung auf das Englische Blaubuch vom August 1918. Berlin: Hans
Robert Engelmann, 1919

Sarkisyanz, Manuel
Hitlers englische Vorbilder. Vom britischen zum ostmärkisch-bajuwarischem
Herrenmenschentum. Ketsch/Rhein-Heidelberg: Selbstverlag, 1977

ders.
Hitler´s English Inspirers. Belfast: Athol, 2003

Semprún, Jorgé
Autobiografía de Federico Sánchez. Novela. Barcelona: Ed. Planeta, 1977

Thomas, William I.; Thomas, Dorothy
The Child in America. N.Y.: Alfred Knopf, 1929[2]

Union of South Africa (eds.)
Report on the Natives of South-Africa and Their Treatment by Germany. [...] London: HMSO, 1918

Witbooi, Hendrik
Die Dagboek von Hendrik Witbooi, Kaptein van die Witbooi-Hottentotte 1884-1905. Bewerk na die oorspronglike dokumente in die regeringsargif, Winhoek. Met ´n voorwoord deut Gustav Voigts. Cape Town: Van Riebeek Society, 1929 [= Publications of the South-West Africa Scientific Sociey, Windhoek, No. 9]

ders.,
Afrika den Afrikanern ! Aufzeichnungen eines Nama-Häuptlings aus der Zeit der deutschen Eroberung Südwestafrikas 1884-1894; hrgg.u.eingel.v. Wolfgang Reinhard. Berlin-Bonn: JHW Dietz Nachf., 1982

Zimmerer, Jürgen
Deutschlands erster Genozid. Der Völkermord an den Herero und Nama; in: der überblick, 1/2004, 83-90

ders; Joachim Zeller (Hrg.)
Völkermord in Deutsch-Südwestafrika. Der Kolonialkrieg (1904-1908) in Namibia und seine Folgen. Berlin: Chr. Links, 2003

B. Literarisches

Joseph Conrad
Heart of Darkness [1902]; Stuttgart: Reclam, 1984 [RUB 9161], 189 p.
[hrgg.u.m.e.Nachw.v.Bernhard Reitz]

Herz der Finsternis. Erzählung. A.d.Engl.v.Fritz Lorch. Zürich: Diogenes, 184 p.

Uwe Timm
Morenga. Roman [1978]; Reinbek: Rowohlt, 1981 [rororo 4705], 315 p.

Gerhard Seyfried
Herero. Roman. Ffm.: Eichborn-Berlin, 2003, 607 p.

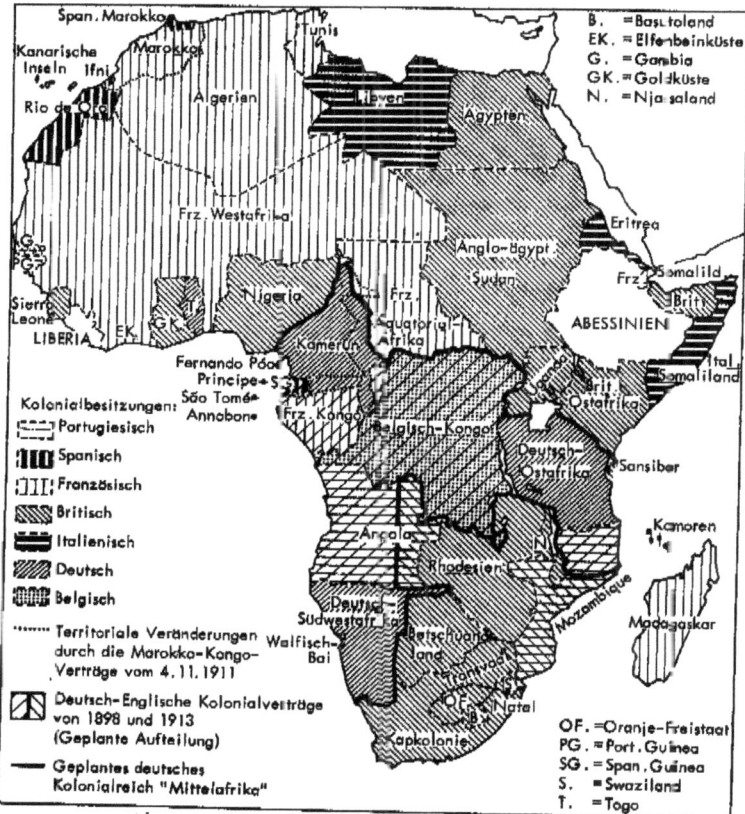

Afrika vor dem Ersten Weltkrieg

Quelle:
Fischer Weltgeschichte
Vom Imperialismus zum Kalten Krieg
(Band 1), hrgg. u verf. v. Wolfgang J. Mommsen
[Ffm: S. Fischer/Fischer Taschenbuch Verlag,
2003, Limitierte Sonderausgabe, p. 147]

ÜBERSICHTSKARTE SÜDWESTAFRIKA

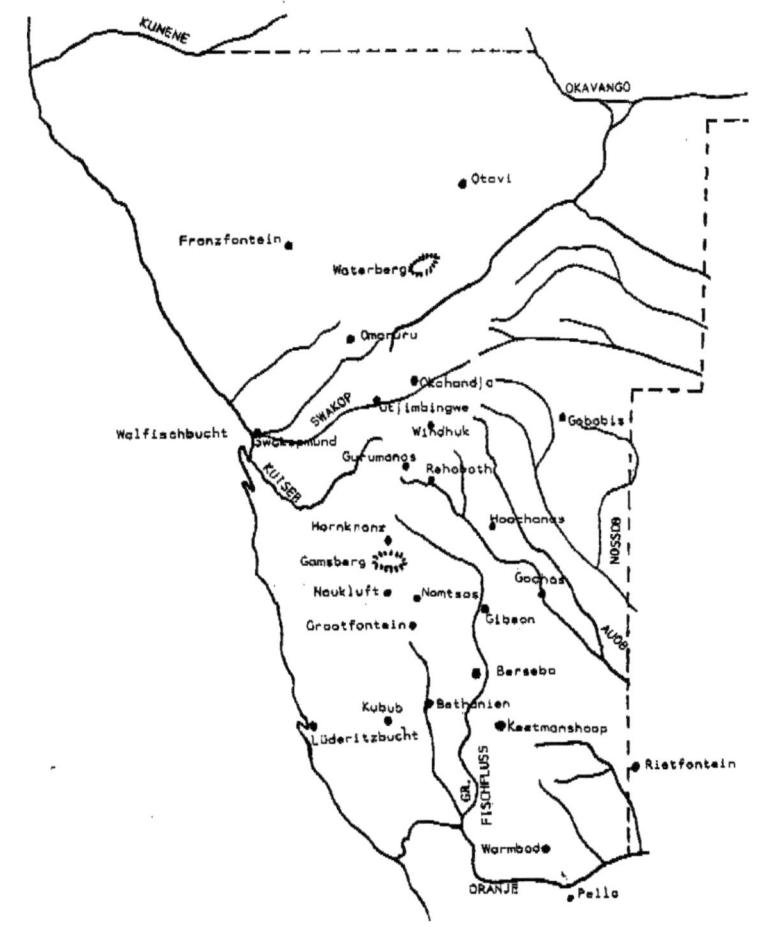

Quelle: Witbooi (1982, p. 31)